BEI GRIN MACHT SICH IHR WISSEN BEZAHLT

- Wir veröffentlichen Ihre Hausarbeit, Bachelor- und Masterarbeit
- Ihr eigenes eBook und Buch - weltweit in allen wichtigen Shops
- Verdienen Sie an jedem Verkauf

Jetzt bei www.GRIN.com hochladen und kostenlos publizieren

Bibliografische Information der Deutschen Nationalbibliothek:

Die Deutsche Bibliothek verzeichnet diese Publikation in der Deutschen Nationalbibliografie; detaillierte bibliografische Daten sind im Internet über http://dnb.d-nb.de/ abrufbar.

Dieses Werk sowie alle darin enthaltenen einzelnen Beiträge und Abbildungen sind urheberrechtlich geschützt. Jede Verwertung, die nicht ausdrücklich vom Urheberrechtsschutz zugelassen ist, bedarf der vorherigen Zustimmung des Verlages. Das gilt insbesondere für Vervielfältigungen, Bearbeitungen, Übersetzungen, Mikroverfilmungen, Auswertungen durch Datenbanken und für die Einspeicherung und Verarbeitung in elektronische Systeme. Alle Rechte, auch die des auszugsweisen Nachdrucks, der fotomechanischen Wiedergabe (einschließlich Mikrokopie) sowie der Auswertung durch Datenbanken oder ähnliche Einrichtungen, vorbehalten.

Impressum:

Copyright © 2015 GRIN Verlag
Druck und Bindung: Books on Demand GmbH, Norderstedt Germany
ISBN: 9783668899001

Dieses Buch bei GRIN:

https://www.grin.com/document/457958

Tobias Schlosser

Projekt Angewandte Sportpsychologie. Ein Selbstversuch

Progressive Muskelentspannung nach Jacobson

GRIN Verlag

GRIN - Your knowledge has value

Der GRIN Verlag publiziert seit 1998 wissenschaftliche Arbeiten von Studenten, Hochschullehrern und anderen Akademikern als eBook und gedrucktes Buch. Die Verlagswebsite www.grin.com ist die ideale Plattform zur Veröffentlichung von Hausarbeiten, Abschlussarbeiten, wissenschaftlichen Aufsätzen, Dissertationen und Fachbüchern.

Besuchen Sie uns im Internet:

http://www.grin.com/

http://www.facebook.com/grincom

http://www.twitter.com/grin_com

SELBSTVERSUCH: AUTOGENES TRAINING IM FUSSBALL
VON TOBIAS SCHLOSSER

Seminararbeit des Seminars:
Angewandte Sportpsychologie

**INSTITUT FÜR SPORT- UND
BEWEGUNGSWISSENSCHAFT
UNIVERSITÄT STUTTGART**

WINTERSEMESTER 2014/2015, 15.02.2015

Inhaltsverzeichnis

1. Anforderungsprofil eines linken Außenbahnspielers im Fußball
2. Eigene Ausgangssituation
3. Trainingsform
4. Trainingsplan
5. Trainingstagebuch
6. Evaluation
7. Fazit
8. Literatur- und Abbildungsverzeichnis Angewandte Sportpsychologie

1. Anforderungsprofil Außenbahnspieler, Mittelfeld

Hauptaufgaben (auf mich bezogen):

Generell:

- Vorwärtsbewegung: Flanken, Schüsse aufs Tor, Freistöße, Offensive Ausrichtung, sodass der Gegner in die Defensive gedrängt wird
- Rückwärtsbewegung: Unterstützung des Verteidigers (3 er Kette → In Defensivarbeit wie ein Außenverteidiger in einer 4er Kette)
- Standartsituationen: Ecken und Freistöße
- Schnelligkeit und Kondition als wichtige Faktoren

Im technischen Bereich:

- Beherrschen von Finten, Ballsicherheit, Doppelpässe spielen und freilaufen, Schüsse, Flanken, Sprinten mit dem Ball

Im taktischen Bereich:

- 1:1 Situationen, Doppelpässe und freilaufen → Gegner umspielen, Grundlinienlauf um zu Flanken, Überzahl auf der Linie schaffen (defensiv und offensiv)
- Wenig Ballkontakte → „Da sein", wenn es darauf ankommt

⇨ psychische Eigenschaften:

- Ruhig bleiben, entschlossen handeln (Freistöße)
- Selbstbewusstsein um 1:1 gewinnen zu können
- Wille über seine Grenzen zu gehen, da laufintensive Position
- Aus wenigen Ballkontakten, viele produktive Aktionen beisteuern

2. Eigene Ausgangssituation:

Um zu verstehen, welche Probleme ich habe, sollte zunächst auf meinen Werdegang eingegangen werden.
Ich habe in einem kleineren Verein das Fußballspielen gelernt, bis ich mit ca. 11 Jahren in einen Nachwuchsstützpunkt gegangen bin. Dort habe ich neben meinem normalen Training (2x wöchentlich) 1-2x pro Woche trainiert. Nach 2 Jahren Stützpunkttraining wurde mir geraten zu einem „größeren" Verein zu gehen, was ich aber abgelehnt habe. Der Hauptgrund hierfür war mein geringes Selbstbewusstsein außerhalb des Platzes.
Ich brach das Stützpunkttraining ab bzw. bin zu alt geworden um dort teilzunehmen. Darunter litt nicht nur meine Psyche, auch Selbstzweifel machten sich breit. Auch trauerte ich der Chance nach, nicht gewechselt zu sein. Dies hat sich auch auf meine fußballerischen

Fähigkeiten ausgewirkt. Im Laufe der Jugend wurde es wieder besser. Trotzdem spielte ich in der C-Jugend in der zweithöchsten Jugendliga meines Bundeslandes. In der B- und A-Jugend war ich stets Spielführer. Selbst in dem Jahr, in dem ich „junger Jahrgang" war, war ich unangefochtener Stammspieler. Als ich in den Herrenbereich kam, und es Spieler gab, die meinem Leistungsniveau glichen bzw. besser waren, hatte ich wieder Probleme, vor allem in den Wettkampfspielen. Ich verglich mich immer mit anderen Spielern, habe so den „Bezug zu mir" verloren. Direkt nach einem halben Jahr wechselte ich in einen Verein, in dem es weniger Konkurrenzkampf gab. Zudem bekam ich Probleme mit meinem alten Trainer. Aber auch die Tatsache, dass in meinem neuen Verein viele meiner Freunde spielen, hat eine große Rolle gespielt. Durch viele Spielminuten bekam ich langsam wieder Glauben an meine Fähigkeiten und mir wurden meine Stärken bewusst. Auch der neue Trainer hatte hier seinen Teil beigesteuert, indem er oft das Gespräch mit mir suchte und mich aufbaute. Nun studiere ich seit 2 Jahren in Stuttgart und kann daher nicht mehr am Training teilnehmen, da mir die reine Fahrtzeit von 4 Stunden zu viel ist. Was zur Folge hat, dass ich mich vor jedem Spiel an den Ball gewöhnen muss, zumindest rede ich mir das ein. Aus diesem Grund bin ich vor Wettkampfspielen meist nervös und habe Angst Fehler zu machen. Zudem kommt jetzt, dass ich nun längere Zeit verletzt war und muss mich wieder in die erste Mannschaft kämpfen. Daher haben selbst die Vorbereitungsspiele der Rückrunde einen gewissen „Druck-Charakter", weswegen ich dort nach meiner Einschätzung wieder nervös sein werde. Ich habe mich deswegen entschieden mich mit dem Thema Entspannungsstrategien auseinanderzusetzen. In einem Selbstversuch werde ich die zwei Methoden „progressive Muskelentspannung" und das „autogene Training" ausprobieren.

3. Trainingsform

Wie oben erwähnt habe ich mich für die progressive Muskelentspannung nach Jacobsen und das autogene Training entschieden.
Mein Ziel ist es vor und während dem Wettkampf eine ausgeglichene Gefühlslage zu erreichen und weniger nervös zu sein. Von den Methoden verspreche ich mir, weniger Überlegen im Wettkampf und dadurch eine größere Fokussierung auf die Situation, schnelleres Abwägen und Abhaken von Situationen (fehlgeschlagene Situation).
Um die Frage nach der optimalen Gefühlslage in einem Wettkampf nachzugehen, sollte man das Yerkes-Dodson Gesetz näher betrachten.
Die folgende Abbildung beschreibt dieses Gesetz:

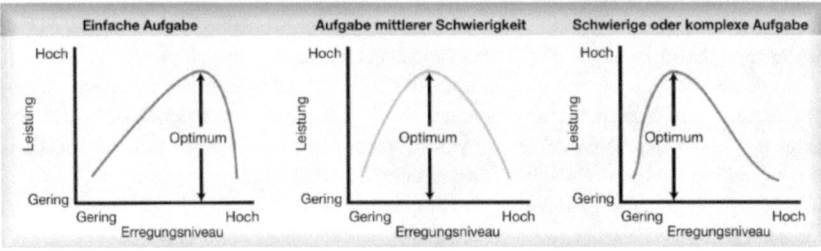

In dieser Abbildung sieht man, dass, um die optimale Leistungsfähigkeit zu erreichen, ein bestimmtes Erregungsniveau nötig ist. Dieses Erregungsniveau ist abhängig von der Aufgabenschwierigkeit. Je schwerer die Aufgabe, desto geringer sollte das Erregungsniveau sein. Bei leichten Aufgaben sollte ich dagegen ein hohes Erregungsniveau besitzen. Übertrage ich die drei Phasen auf meinen Sport, so wäre eine einfache Aufgabe das Training bzw. eine Übungsform. Eine mittelschwere Aufgabe wäre ein Trainingspiel gegen gute Mitspieler oder ein Vorbereitungsspiel. Eine schwere Aufgabe hingegen wäre für mich der Wettkampf. Hier ist mein Erregungsniveau sehr hoch, so fühlt es sich zumindest an. Dies sind generelle Angaben. In meiner momentanen Situation würde ich das Vorbereitungsspiel, schon als eine schwerere Aufgabe betiteln.

Da ich vor Spielen sehr nervös bin, die Aufgabe aber recht schwer ist, liege ich mit meiner Leistung nicht im optimalen Bereich. Ich sollte also versuchen, mich vor einem Spiel mehr zu entspannen.

4. Trainingsplan (4 Wochen)

Wo: Liegend, meistens im Bett
Wann: an Trainingstagen; ca. 2-3 Stunden nach dem Training und direkt vor dem Einschlafen
Wie: Auf einer CD wird ein Text vorgesprochen, mit ruhiger Hintergrundmusik, abgespielt.
Den Anweisungen auf der CD wird Folge geleistet. So war es ein angeleitetes Training
Die Reihenfolge war meistens so: Anfänglich ein paar Atemübungen, danach begann erst der Hauptteil
Häufigkeit: insgesamt 4x pro Woche, wobei immer 2x autogenes Training und 2x progressive Muskelentspannung (je 15 min), diese abwechselnd in den Trainingstagen
Trainingstage: Montag (autogenes Training); Mittwoch (progressive Muskelentspannung); Freitag (autogenes Training); Sonntag (progressive Muskelentspannung)

Anmerkung: Da ich in den ersten zwei Wochen meines Trainingsplan kein fußballspezifisches Training hatte, wurden in dieser Zeit die Trainingseinheiten simuliert (was gemacht wurde wird im Tagebuch genauer erläutert).

5. Trainingstagebuch

1.Woche:

    1.TE:
    Methode: autogenes Training (Schweremethoden)
    Zeit 15min
    Anmerkungen: Es fiel sehr schwer, mich fallen zu lassen. Dass sich die einzelnen
    Körperpartien schwerer anfühlen sollten, war anfangs sehr schwierig und gelang mir
    nur in geringem Ausmaß

    2.TE:
    Methode: progressive Muskelentspannung

Zeit 15min
Anmerkungen: Im Gegensatz zu dem autogenen Training fiel mir die progressive Muskelentspannung viel leichter. Dies ist eventuell auf Krafttraining zurückzuführen, welches ich seit Jahren mache. Erstaunlich: auch hier fiel mir das Einschlafen viel leichter

3.TE:
Methode: autogenes Training (Schweremethode)
Zeit 15 min
Anmerkungen: Es fiel mir leichter die einzelnen Körperpartien anzusprechen. Zudem fühlte ich mich deutlich entspannter nach der Trainingseinheit.

4.TE:
Methode: progressive Muskelentspannung
Zeit 15 min
Anmerkungen: Die Übungen fielen mir total leicht. Es war dasselbe Programm wie am ersten Tag der progressiven Muskelentspannung.

2. Woche:

5.TE:
Methode: autogenes Training (Schweremethode)
Zeit 15 min
Anmerkungen: Bei dieser Einheit war es etwas komisch, ich bekam sowohl den Anfang als auch das Ende bewusst mit. Dazwischen habe ich keine Erinnerung mehr. Trotzdem spürte ich, wie mein Körper entspannt war.

6.TE:
Methode: progressive Muskelentspannung
Zeit 15 min
Anmerkungen: Ich war an diesem Tag kaum müde, obwohl ich schon früh aufgestanden bin. Ich wollte die Trainingseinheit erst später ansetzen, also kurz bevor ich schlafen gehe, habe dies aber vorgezogen um die 2-3 Stunden nach dem Training einzuhalten. Nach der Einheit war ich total müde und konnte direkt danach einschlafen. Das Ziel der Entspannung ist also durchaus schon nach knapp einer Woche besser geworden.

7.TE:
Methode: autogenes Training (Schweremethode)
Zeit 15 min
Anmerkungen: Mit jeder Einheit fällt es mir leichter, die Muskeln richtig anzusprechen, vom Gefühl her könnte ich dies auch ohne Anleitung ausführen, was ein Ziel von mir ist (während dem Spiel schnell und effektiv abzuschalten).

8.TE:
Methode: progressive Muskelentspannung
Zeit 15 min
Anmerkungen: Auch nach anstrengenden Einheiten und trotz schmerzenden Muskeln, fällt es mir immer noch leicht abzuschalten. Ebenso hatte ich am nächsten Tag keinen Muskelkater, ob das nun an der Vorbereitung/zu geringem Trainingsumfang oder dem Muskelentspannung liegt, kann ich leider nicht genau sagen.

3. Woche:

9.TE:
Methode: autogenes Training (Wärmemethode)
Zeit 15 min
Anmerkungen: In den nächsten zwei Wochen werde ich die „Schweremethode" mit der „Wärmemethode" ersetzen, damit etwas Abwechslung in meinen Trainingstag kommt. Zudem beginnt jetzt die Fußballvorbereitung und damit auch die Vorbereitungsspiele. Ich bin gespannt, ob alles so angewendet werden kann, wie ich es mir vorstelle, vor allem in den Wettkämpfen. Da dies seid langem mein erstes Training war, laufe ich nur vorsichtig, da ich Angst habe umzuknicken, vor allem wenn Übungen mit dem Gegner auf dem Programm stehen (Abschlussspiel, zum Aufwärmen das „Eckle").
Zu der mentalen Einheit kann ich nur sagen, dass es mir viel leichter fällt meine Körperpartien zu erwärmen. Im Gegensatz zu der ersten Einheit des autogenen Trainings der Schweremethode.

10.TE:
Methode: progressive Muskelentspannung
Zeit 15 min
Anmerkungen: Bei dieser Einheit gab es nichts Besonderes zu sagen. Das Programm wurde dieses Mal „runtergespult". Das nächste Mal wird eine andere Stimme genommen, man merkt, dass sich etwas Routine einspielt und mir etwas langweilig wird.

11.TE:
Methode: autogenes Training (Wärmemethode)
Zeit 15 min
Anmerkungen: Beim autogenen Training habe ich erst das Training getauscht, daher kommt hier keine Routine. Auch hier hatte ich keine Probleme mit der Einheit und der Vorstellung.

12.TE (Vorbereitungsspiel):
Methode: progressive Muskelentspannung
Zeit 15 min

Anmerkungen: Mein erster Wettkampf (seid knapp 3,5 Monaten) stand an diesem Tag an. Vor dem WK war ich sehr nervös, was man mir angesehen hat. Direkt vor dem Spiel habe ich meine Augen geschlossen und den Anfang einer Entspannungsübung gemacht (was sich auf die Atemübungen beschränkt hat). Danach war ein großer Teil der Nervosität weg. Auch im Spiel kehrte sie nicht zurück. Der Wettkampf lief gut. In der Halbzeit wurde ich ausgewechselt.

4. Woche:

<u>13.TE:</u>
Methode: autogenes Training (Wärmemethode)
Zeit 15 min
Anmerkungen: Auch hier stand wieder die Wärmemethode auf dem Plan. Es gab aber keine besonderen Ereignisse.

<u>14.TE:</u>
Methode: progressive Muskelentspannung
Zeit 15 min
Anmerkungen: Die Übungen fallen mir viel leichter als zu Anfang des Trainings. Zudem muss ich zugeben, dass ich deutlich besser schlafe und fit in den Tag gehe. Ich gehe ohne Probleme ins Training, auch die Angst vor einem erneuten Umknicken ist fast aus meinem Kopf.

<u>15.TE:</u>
Methode: autogenes Training (Wärmemethode)
Zeit 15 min
Anmerkungen: Hier ist nichts Nennenswertes passiert.

<u>16.TE (letzte Trainingseinheit am Tag vor dem Spiel):</u>
Methode: progressive Muskelentspannung
Zeit 15 min
Anmerkungen: Keine Aufregung vor dem Spiel, habe mich regelrecht gefreut auf das Spiel. Ansonsten waren keine großen Auffälligkeiten

6. Evaluation

Um mein Entspannungstraining auszuwerten, führte ich den WAI-T Test (Quelle: bisp-sportpsychologie) einmal vor den 4 Wochen und einmal nach den 4 Wochen durch.

Vor dem Entspannungstraining:

Vor Wettkämpfen...	gar nicht			sehr
1) ... fühle ich mich nervös.	☐	☐	☐	■
2) ... habe ich Selbstzweifel.	☐	☐	■	☐
3) ... habe ich Bedenken, dass ich weniger gut abschneide, als ich eigentlich könnte.	☐	☐	☐	■
4) ... bin ich anfällig für Ablenkungen.	■	☐	☐	☐
5) ... fällt es mir schwer, mit meinen Gedanken beim Wettkampf zu bleiben.	☐	■	☐	☐
6) ... bin ich besorgt, unter Druck zu versagen.	☐	☐	☐	■
7) ... pocht mein Herz vor Aufregung.	☐	■	☐	☐
8) ... habe ich ein flaues Gefühl im Magen.	☐	■	☐	☐
9) ... achte ich auf Reaktionen von Zuschauern.	☐	■	☐	☐
10) ... fühle ich mich zittrig.	☐	☐	■	☐
11) ... habe ich Bedenken, ob ich mein Ziel erreichen werde.	☐	■	☐	☐
12) ... stören mich Zwischenrufe aus dem Publikum.	■	☐	☐	☐

	leistungs-hemmend				leistungs-fördernd
13) Eine körperlich spürbare Aufgeregtheit vor Wettkämpfen empfinde ich für gewöhnlich eher als...	☐	■	☐	☐	☐
14) Sorgenvolle Gedanken vor Wettkämpfen empfinde ich für gewöhnlich eher als...	■	☐	☐	☐	☐

Nach den 4 Wochen Entspannungstraining:

Vor Wettkämpfen...	gar nicht			sehr
1) ... fühle ich mich nervös.	☐	☐	■	☐
2) ... habe ich Selbstzweifel.	☐	■	☐	☐
3) ... habe ich Bedenken, dass ich weniger gut abschneide, als ich eigentlich könnte.	☐	■	☐	☐
4) ... bin ich anfällig für Ablenkungen.	■	☐	☐	☐
5) ... fällt es mir schwer, mit meinen Gedanken beim Wettkampf zu bleiben.	☐	■	☐	☐
6) ... bin ich besorgt, unter Druck zu versagen.	☐	■	☐	☐
7) ... pocht mein Herz vor Aufregung.	☐	■	☐	☐
8) ... habe ich ein flaues Gefühl im Magen.	☐	■	☐	☐
9) ... achte ich auf Reaktionen von Zuschauern.	■	☐	☐	☐
10) ... fühle ich mich zittrig.	☐	■	☐	☐
11) ... habe ich Bedenken, ob ich mein Ziel erreichen werde.	☐	■	☐	☐
12) ... stören mich Zwischenrufe aus dem Publikum.	■	☐	☐	☐
	leistungs-hemmend			leistungs-fördernd
13) Eine körperlich spürbare Aufgeregtheit vor Wettkämpfen empfinde ich für gewöhnlich eher als...	☐	☐	■	☐
14) Sorgenvolle Gedanken vor Wettkämpfen empfinde ich für gewöhnlich eher als...	■	☐	☐	☐

Man kann auf den Fragebögen erkennen, dass ich vor diesem Wettkampf deutlich weniger aufgeregt bin. Bei Frage 13, hat sich meine Sichtweise definitiv verändert. Da ich nun genau weiß, wie ich meine Nervosität in den Griff bekomme, ist dies für mich leistungsfördernd. Durch diese spürbare Aufgeregtheit (oder wie mein Trainer sagt: "Geilheit auf das Spiel") bereite ich meinen Körper auf die anstehende Aufgabe vor.
Ich habe auch während des Spieles viel weniger Probleme mit Angst/Druck oder Nervosität (alle Ergebnisse kann man auf das Spiel übertragen). Ich kann befreiter aufspielen. Daher hat sich das Training deutlich positiv auf mich ausgewirkt.

7. Fazit

Das Fazit fällt für mich sehr positiv aus. Ich habe das erreicht, was ich mir vorher vorgenommen habe. Anfangs war ich etwas skeptisch, ob dies eine so große Wirkung haben

kann. Ich glaube man kann diesen Zustand auch aufrechterhalten, wenn man dieses Training fortsetzt. Ich bin aber auch der Meinung, dass diese Folgen sehr schnell wieder verschwinden, vor allem, da ich sie mir in einem sehr kurzen Zeitraum antrainiert habe.
Ich zu meinem Teil werde definitiv weitermachen. Ob ich nun in diesem Maße weitermache, kann ich nicht sagen, da doch eine gewisse Motivation und Selbstdisziplin zu Grunde liegen muss.
Ich bin sehr gespannt, ob sich mein Zustand auch in Wettkampfspielen weiter verbessern wird, da dort etwas andere Drucksituationen zustande kommen.

Auch wenn ich zu Anfang etwas skeptisch war (unter anderem weil ich andere Meinungen zu diesem Thema gelesen habe), bin ich am Ende sehr überzeugt von diesen Methoden. Für mich haben sie sehr gut geklappt.

8. Literatur- und Abbildungsverzeichnis

Hohmann, T. (2012), Vorlesungsskript Angewandte Sportpsychologie: Erstgesprachsleitfaden, Beziehungsaufbau am Beispiel Wettkampfangst
Hohmann, T. (2012), Vorlesungsskript Angewandte Sportpsychologie: Psychologisches Training Aktivierung und Entspannung
Kanning, M. (2011), Vorlesungsskript Themenuberblick Sportspsychologie: Emotionen

Abbildung 1: Kanning, M. (2011), Vorlesungsskript Themenuberblick Sportpsychologie: Emotionen
Abbildung 2&3: Brand, R., Ehrlenspiel, F. & Graf, K.(2009), *WAI-T*. Zugriff am 17.01.2013 unter http://www.bisp-sportpsychologie.de/SharedDocs/Publikationen/SpoPsy/DE/Fragebogen/WAI.pdf?__blob=publicationFile&v=1

BEI GRIN MACHT SICH IHR WISSEN BEZAHLT

- Wir veröffentlichen Ihre Hausarbeit, Bachelor- und Masterarbeit

- Ihr eigenes eBook und Buch - weltweit in allen wichtigen Shops

- Verdienen Sie an jedem Verkauf

Jetzt bei www.GRIN.com hochladen und kostenlos publizieren